Contents

¡Mírame!

el pecho

la pierna

el pie   el dedo
gordo del
pie

el codo

la
espalda el trasero

el dedo

 la barriga

la rodilla

la mano

el pelo

el brazo

la cabeza

los
hombros

4

My First OXFORD Spanish Words

Illustrated by David Melling
Compiled by Neil Morris

OXFORD

For Bosiljka, Branko and Igor Sunajko.

D.M.

OXFORD
UNIVERSITY PRESS

Great Clarendon Street, Oxford OX2 6DP

Oxford New York
Athens Auckland Bangkok Bogotá Buenos Aires Calcutta
Cape Town Chennai Dar es Salaam Delhi Florence Hong Kong Istanbul
Karachi Kuala Lumpur Madrid Melbourne Mexico City Mumbai
Nairobi Paris São Paulo Singapore Taipei Tokyo Toronto Warsaw
and associated companies in
Berlin Ibadan

Oxford is a registered trade mark of Oxford University Press

Illustrations copyright © David Melling 1999
Text copyright © Oxford University Press 1999

First published 2000

1 3 5 7 9 10 8 6 4 2

British Library Cataloguing in Publication Data available

Spanish translation by Ana Cristina Llompart

ISBN 0–19–910747–5

Printed in Italy

la cara

la mejilla

la oreja

el ojo

la barbilla

la boca

los dientes

la lengua

el cuello

la nariz

la niña

el niño

Nuestra casa

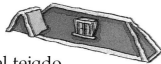
el tejado

el cubo
de la basura

la verja

las escaleras

la chimenea

la valla

el garaje

la ventana

la puerta

6

el perro

el gato

el conejo

la araña

el caracol

las cartas

la saca
de correos

la hoja

la flor

el árbol

7

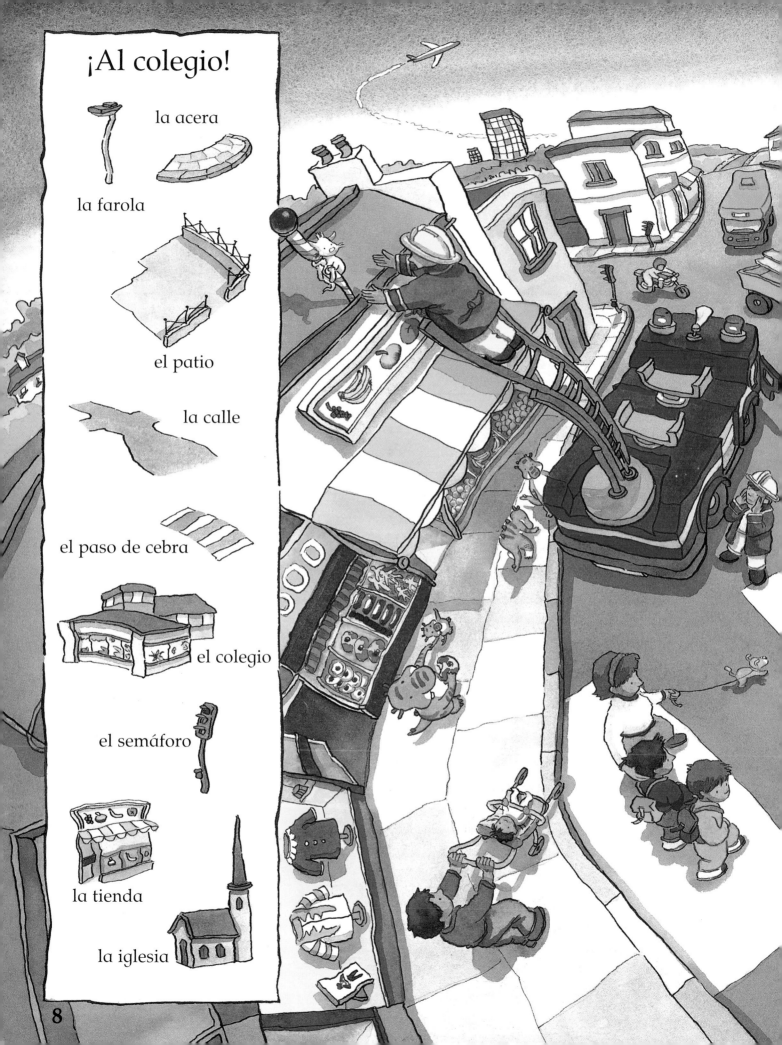

¡Al colegio!

la acera

la farola

el patio

la calle

el paso de cebra

el colegio

el semáforo

la tienda

la iglesia

8

la bicicleta

el coche

el autobús

la moto

el coche de bomberos

el camión

el helicóptero

la ambulancia

el avión

Nuestra clase

la cartera

el libro

la tartera

la pizarra

la tiza

el globo terráqueo

el pupitre

el imán

la papelera

10

el casete

la cinta
de casete

la regla

el ordenador

el mapa

el disquete

el dado

el teclado

el ratón

La clase de arte

negro

azul

marrón

verde

gris

naranja

rosa

morado

rojo

blanco

amarillo

12

el delantal

el pegamento

el dibujo

el pincel

las pinturas

el lápiz

el papel

las tijeras

el rotulador

el caballete

13

Cuando sea mayor

el cartero

el carpintero

la médica

la mujer policía

la veterinaria

el futbolista

el bombero

el conductor
de autobuses

14

el conductor de trenes

el cantante de pop

el piloto

la bailarina

el submarinista

el cocinero

el astronauta

el socorrista

15

Hace mucho tiempo

Los dinosaurios:
hace 200 millones de años

Tiranosaurio

Stegosaurus

Diplodocus

Triceratops

el fósil

el hueso

El hombre de la Edad de Piedra:
hace 10.000 años

la cueva

el pedernal

la pintura rupestre

el fuego

El antiguo Egipto:
hace 5.000 años

la pirámide

la esfinge

el faraón

El Imperio Romano:
hace 2.000 años

la cerámica

las monedas

el soldado

17

De compras

el carro

la cesta

la caja
registradora

la barra
de pan

el bollo

la mermelada

los cereales

las patatas

las salchichas

los espaguetis

18

la leche

el yogur

el queso

los huevos

la manzana

el plátano

la naranja

el tomate

la zanahoria

la lechuga

19

Una comida de monstruous

la cocina

la nevera

la lavadora

la cacerola

la plancha

la taza

el bol

el cuchillo

el tenedor

la hervidora eléctrica

el plato

20

la cuchara

el platito

la silla

la tetera

el cojín

el sofá

el estéreo

la mesa

la televisión

el vídeo

la aspiradora

21

¡Vamos a jugar!

la casita
de muñecas

la muñeca

el juego de mesa

el coche
de carreras

el robot

el rompecabezas

el osito de
peluche

el tren de
juguete

el tambor

la guitarra

el teclado

el micrófono

la trompeta

la flauta

los platillos

los cascabeles

la pandereta

En la granja

el caballo

la gallina

el gallo

el pato

el ganso

la oveja

la cabra

el cerdo

la vaca

el tractor

el riachuelo

el puente

el campo

el bosque

el heno

la colina

el espantapájaros

25

En la playa

la pelota

el cubo

la pala

la tumbona

la sombrilla

la crema
bronceadora

el tobogán

el balancín

el columpio

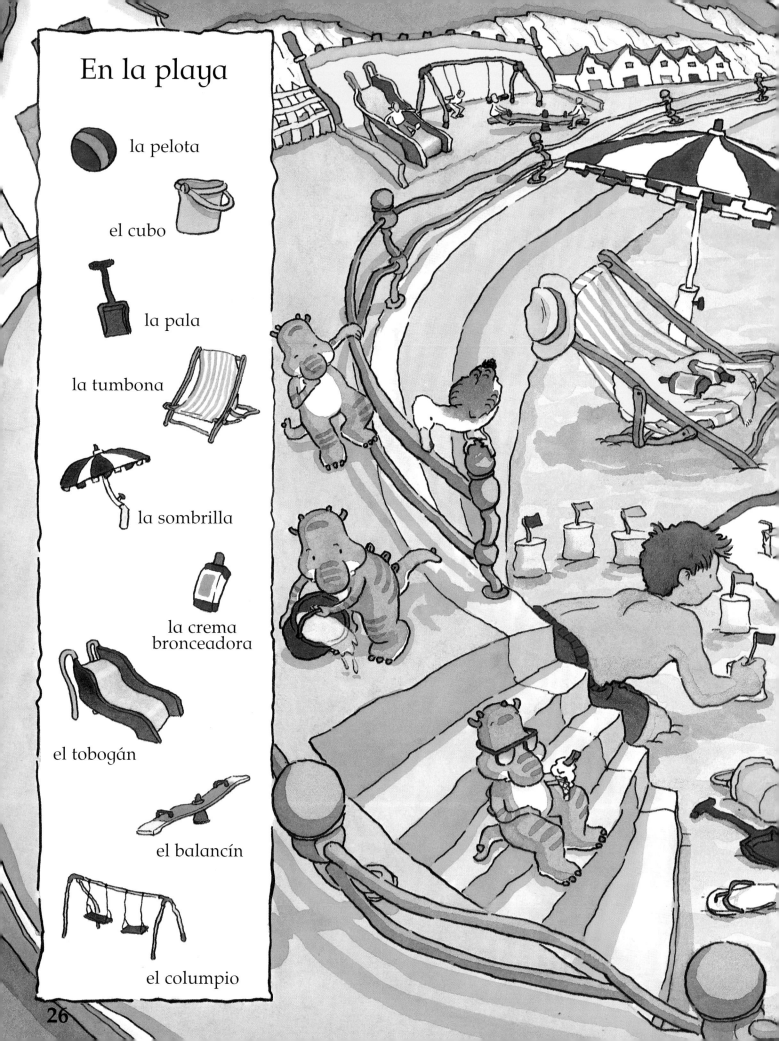

el barco

el faro

el castillo de arena

la gaviota

la concha

el cangrejo

el pulpo

la estrella de mar

el alga

27

La fiesta de cumpleaños

la tarjeta de cumpleaños

la vela

el globo

el regalo

la serpentina

el matasuegras

el gorro de papel

la varita mágica

el mago

los caramelos

el sándwich

la pizza

el helado

el chocolate

la galleta

la pajita

la bebida

el pastel

Magia animal

el elefante

el cocodrilo

la jirafa

el pez

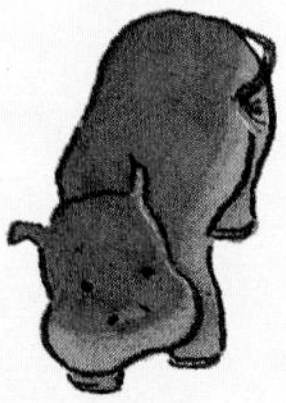

el hipopótamo

el canguro

el mono

el koala

el ratón

la morsa

el loro

el pingüino

el tigre

la cebra

el oso panda

el rinoceronte

31

La hora del baño

el vestido

la cazadora

el jersey

los pantalones cortos

los calzoncillos

la camisa

los zapatos

la falda

los calcetines

los pantalones

la camiseta

el lavabo

la bañera

la toallita de
la cara

el espejo

la ducha

el jabón

la esponja

el váter

el papel
higiénico

el cepillo
de dientes

la pasta
de dientes

la toalla

33

A la cama

el armario

las cortinas

la lámpara

la mesita
de noche

el pijama

el camisón

la cama

la
almohada

la manta

la cómoda

34

el cuento

el castillo

el rey   la reina

el genio

la lámpara maravillosa

el dragón

el gigante

Une cada palabra con su dibujo

Match the words with the pictures

la hormiga

la campana

la oruga

el perro

el huevo

el pez

la cabra

el helicóptero

la tinta

el malabarista

el rey

la mariquita

el ratón

el clavo

el pulpo

la marioneta

la reina

el anillo

los calcetines

el tigre

el paraguas

la furgoneta

el reloj

los rayos-X

el yate

la cebra

Vamos a contar

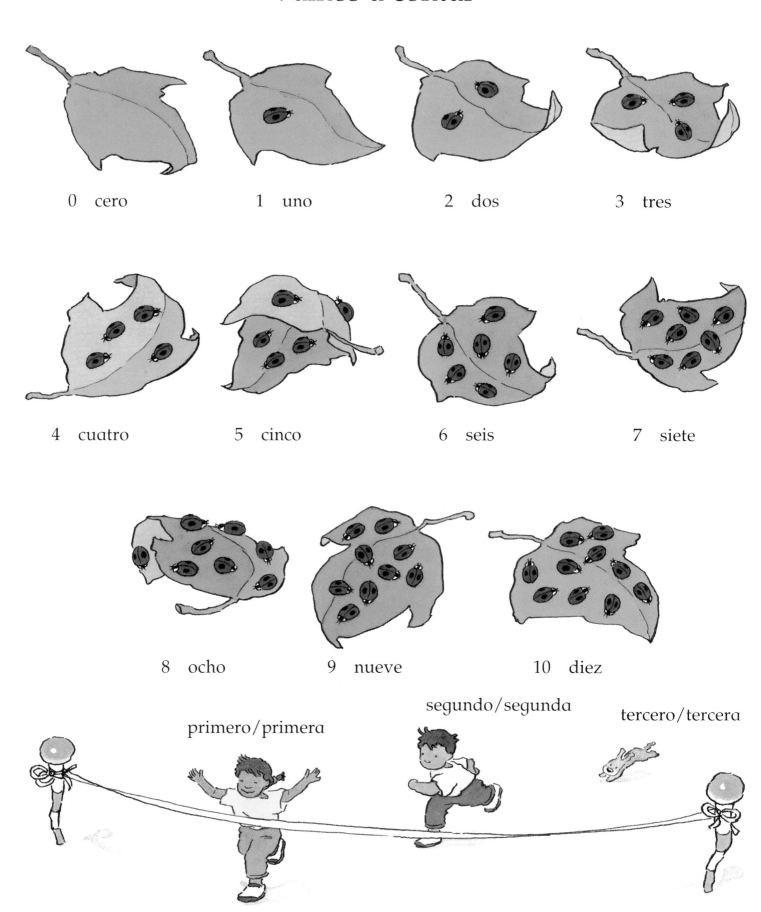

0   cero

1   uno

2   dos

3   tres

4   cuatro

5   cinco

6   seis

7   siete

8   ocho

9   nueve

10   diez

primero/primera

segundo/segunda

tercero/tercera

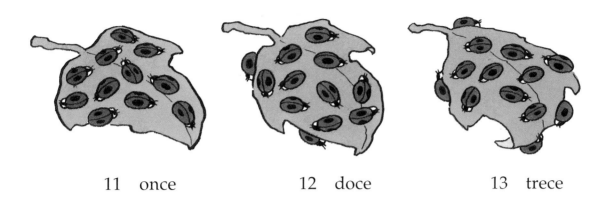

| 11 once | 12 doce | 13 trece |

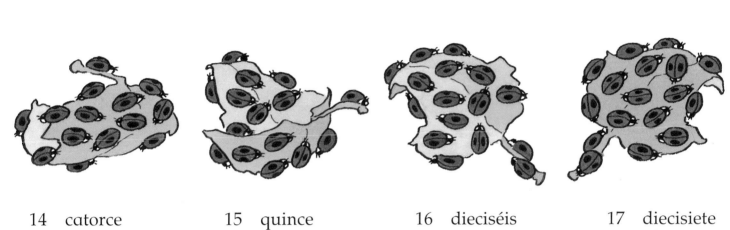

| 14 catorce | 15 quince | 16 dieciséis | 17 diecisiete |

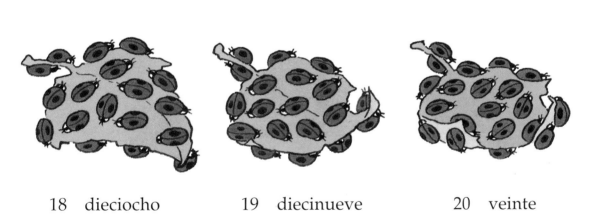

| 18 dieciocho | 19 diecinueve | 20 veinte |

cuarto/cuarta   quinto/quinta   último/última

Formas

el rectángulo

el cuadrado

el círculo

el corazón

el óvalo

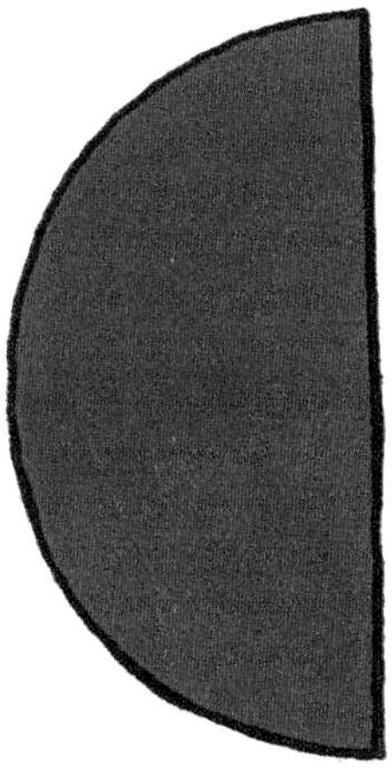

el semicírculo

la estrella

el triángulo

el pentágono

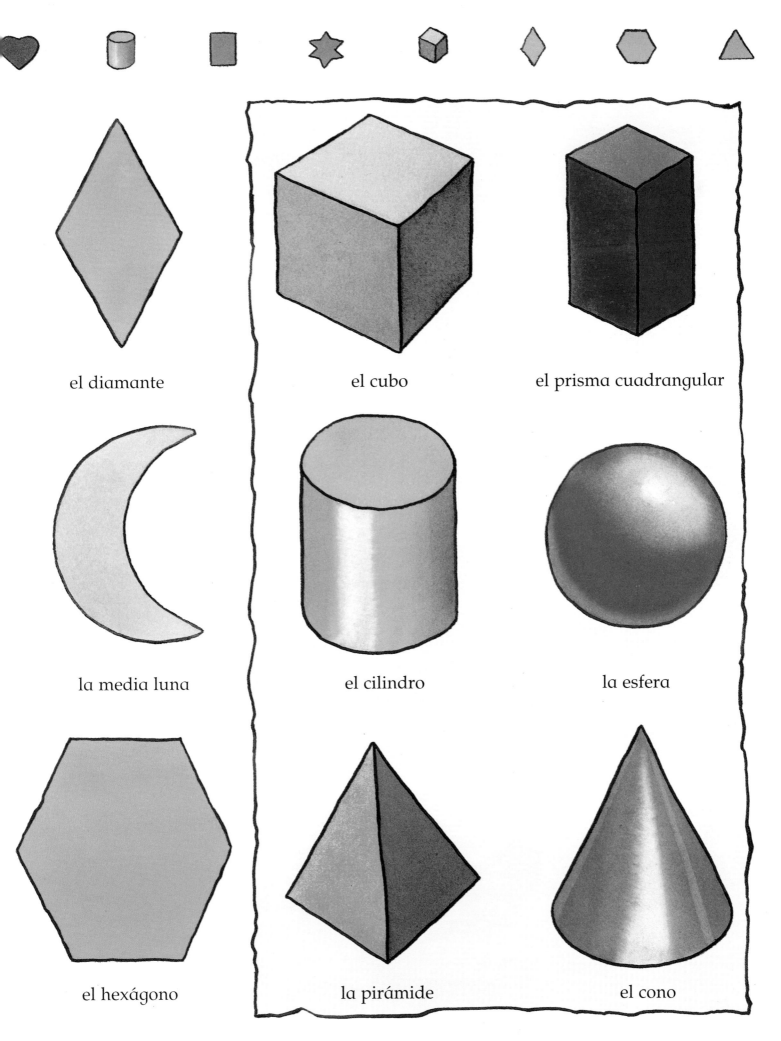

el diamante

el cubo

el prisma cuadrangular

la media luna

el cilindro

la esfera

el hexágono

la pirámide

el cono

Opuestos

grande   pequeño/pequeña

limpio/limpia   sucio/sucia

gordo/gorda   delgado/delgada

lleno/llena   vacío/vacía

alto/alta   bajo/baja

caliente   frío/fría

nuevo/nueva   viejo/vieja

abierto/abierta   cerrado/cerrada

oscuro/oscura   iluminado/iluminada   rápido/rápida   lento/lenta

feliz   triste   pesado/pesada   ligero/ligera

largo/larga   corto/corta   más   menos

igual   diferente   mojado/mojada   seco/seca

las nubes

el sol

la lluvia

la nieve

el viento

la niebla

las ocho en punto

las diez en punto

las doce del mediodía

las dos en punto

la cuatro en punto

las seis en punto

45

Index

46